# COME EFFETTUARE SOLDI ONLINE

COME EFFETTUARE SOLDI ONLINE

COME EFFETTUARE SOLDI ONLINE

CONTENUTI

Introduzione

Distruggere i miti

Di partenza

Tipi di attività commerciali online legittime

- Società di servizi
- Marketing di affiliazione
- Vendi su E-Bay
- Guadagna dai siti di appartenenza
- Guadagna vendendo prodotti
- Guadagna vendendo prodotti di tipo informativo
- Guadagna con i blog

- Guadagna allenando gli altri
- Guadagna nel settore della genealogia
- Guadagna con il desktop publishing
- Creare un business da idee insolite

Commercializza la tua attività online
Strategie per il successo della tua azienda

- Sito web
- Posta indesiderata
- Articoli e altri contenuti scritti
- Socializza per il marketing
- Varie tecniche di marketing

Marketing dal lato divertente

Pensieri finali

Introduzione

Viviamo in un mondo incerto, ma c'è una cosa che sappiamo essere vera ... ed è che i tempi sono difficili. L'inflazione sta aumentando su quasi tutti i fronti. Stai lottando per far quadrare i conti, ma proprio quando pensi di andare avanti, la Vita ti schiaffeggia in faccia.

Le bollette si stanno accumulando, il costo delle necessità è in aumento e i prezzi del gas continuano a fluttuare. Hai conosciuto un tempo nella tua vita in cui lavorare per vivere sembra spingerti ulteriormente in un buco che non puoi scavare.

Fai un respiro profondo ... Rilassati ... e leggi questo libro perché ti aiuterà a capire che c'è una risposta a questa situazione esasperante in cui ti sei trovato. Puoi guadagnarti da

vivere senza seppellirti come una valanga. Puoi alzarti e vedere la luce del sole che riscalda l'anima che gli altri hanno visto.

Conforta sapendo che la pace interiore è a portata di mano; e ti mostreremo come trovarlo guadagnando le tue entrate online.

Distruggere i miti

Dal momento che stiamo parlando di guadagnarsi da vivere online è importante affrontare i problemi di frode su Internet. Vuoi essere consapevole, ma non c'è motivo di lasciare che i dubbi si frappongano quando decidi quale percorso di business online prendere.

Truffe, spam e frodi sembrano essere sinonimo della parola internet in questi giorni. Molti cinici si guadagnano da vivere solo perché è coinvolto Internet. Grideranno truffe o frodi sui tetti sentendo ogni tipo di opportunità di fare soldi online.

Mentre ci sono truffe nel cyberspazio di trading online, ci sono molte opportunità legittime da esplorare. La ricerca ti fornirà molte informazioni e suggerimenti per individuare queste truffe, in modo da poter andare avanti e guadagnarti da vivere comodamente da casa tua.

Truffe e frodi sono cresciute in tutte le aree di Internet nel corso degli anni, comprensibilmente preoccupando le persone di fare qualsiasi cosa online. Esistono modi legittimi per fare soldi online: molte persone lo hanno fatto con successo e continuano a farlo oggi. Quindi, non lasciare che questa opportunità ti passi perdurando dubbi.

Questo libro ti mostrerà come puoi legittimamente guadagnare denaro ed evitare quelle brutte truffe che potrebbero trarre vantaggio da te.

Più sei informato sulle truffe su Internet, più sicuro sarai quando cerchi un'attività commerciale online. Assumi il comando e controlla il futuro della tua attività prima che qualcuno cerchi di trarre vantaggio da te. Distruggiamo alcuni dei miti della truffa!

Ecco alcune delle dichiarazioni popolari fatte dalla maggior parte delle frodi su Internet e la verità dietro di loro:

Mito: "Guadagna durante la notte!": Queste truffe ti promettono un modo per fare soldi mentre dormi. Sembrano che ci sia poco lavoro per farlo.

Verità: Mentre è possibile raggiungere questo obiettivo, ci vorrà molto lavoro e dedizione per fare questa affermazione. La maggior parte delle aziende online impiegherà un po 'di tempo per iniziare, ma alla fine varrà la pena.

Mito: "Trasforma il tuo computer in un bancomat per fare soldi!" - In realtà, ci sono molte affermazioni che iniziano con questo tipo di presentazione delle vendite.

Verità: l'affermazione stessa potrebbe essere vera, ma fai attenzione con un tono di vendita che inizia in questo modo. La maggior parte delle opportunità di business online vendono l'azienda stessa. I truffatori tendono a vendere i profitti derivanti dal fare soldi. Di solito in quel caso, non c'è davvero niente da fare per te. Per il truffatore, stanno guadagnando soldi da persone che li pagano per quello che dicono che daranno loro.

Mito: "Avvia la tua attività completamente gratuitamente. Nessun denaro coinvolto!" Guidano il fatto che è possibile avviare un'attività senza assolutamente denaro per le commissioni di avvio.

Verità: Questo tipo di truffa urlerà la dichiarazione "senza soldi coinvolti", ma poi si girerà e ti chiederà di pagare loro una certa quantità di informazioni su come avviare un'attività gratuitamente. Hmm ... Non si contraddicono a vicenda? Ci saranno alcuni costi per avviare un'impresa, ma raramente rompono la banca.

Mito: "Inizia a guadagnarti da vivere scrivendo a casa" - Questa affermazione è simile a molte altre su Internet che affermano che puoi avviare un'attività commerciale da casa con la digitazione o, in alcuni casi, le tue abilità di immissione dei dati.

Verità: Sì, puoi guadagnare soldi scrivendo o inserendo dati da casa. E'meglio offrire questi servizi ai loro clienti e evitare di pagare il truffatori per informazioni su come a farlo. Puoi scoprire come farlo, con la tua ricerca gratuita!

Ci sono molte altre opportunità di truffa, ma queste ti daranno alcune idee su come funzionano quelle truffe e chi ama trarne vantaggio.

COME EFFETTUARE SOLDI ONLINE

Conosci le tue opzioni e non aver paura di cercare qualsiasi opportunità con cui non ti senti a tuo agio.

Di partenza

La paura del processo di avvio tende a indurre le persone a ritardare l'avvio della propria attività. Quella paura di solito si riduce al fatto che semplicemente non sanno come farlo o da dove cominciare. Questo rapporto ti aiuterà attraverso questo processo in modo da poter calmare le tue paure e superare facilmente la fase di avvio.

Cominciamo con alcune domande frequenti che la maggior parte dei neofiti ha nel processo di avvio.

"Devo possedere competenze o titoli speciali per avviare un'attività in proprio?"

Dovrai avere alcune conoscenze nel campo in cui ti imbarcherai, ma non è necessario avere alcun diploma universitario o commerciale per avviare un'attività in proprio. Naturalmente, dipenderà dal tipo di attività che si desidera avviare.

Una semplice indagine nel campo in cui verrà trovata la tua attività potenziale sarà sufficiente per fornirti ciò di cui hai bisogno nella maggior parte dei casi. Se prevedi di offrire un servizio come il web design, ecc. Devi avere alcune abilità in quell'area prima di provare ad avviare la tua attività.

I titoli universitari e l'esperienza sono sempre utili per acquisire esperienza in un campo, ma generalmente non è richiesto alcun diploma per avere il tuo business online. La conoscenza ha più potere online, quindi sarà più importante leggere tutto nelle tue mani che si occupa del tuo campo.

 COME EFFETTUARE SOLDI ONLINE

Costerà un sacco di soldi?

L'avvio del proprio business online generalmente non costa molti soldi. Il denaro che investi è principalmente per un computer, accesso a Internet e un sito Web. Eventuali altri costi saranno basati sul tipo di attività che si desidera inserire.

Le società in cui venderai gli articoli che hai creato impiegheranno un po 'di denaro per conservare gli articoli dell'inventario, ma a questo scopo è possibile trovare grandi affari online. Se prevedi di vendere un servizio, come il web design, dovrai aggiungere programmi software alla tua lista di strumenti.

Per la maggior parte, non dovrai andare alla tua banca locale e chiedergli di offrirti un prestito. Trova le migliori offerte sugli articoli di cui hai bisogno per l'attività che scegli e non dovrai preoccuparti dei tassi di interesse che un prestito aggiungerebbe al tuo budget.

"Sarò ancora in grado di avviare la mia attività online, anche se non ho mai gestito la mia attività prima?"

Assolutamente. Centinaia di venditori su Internet hanno avviato un'attività in proprio e hanno avuto successo senza precedenti esperienze commerciali. Ancora una volta, tutto si somma alla quantità di tempo e sforzo che dedichi alla tua ricerca.

Internet stesso ha una vasta gamma di informazioni a portata di mano per aiutarti a imparare ogni aspetto dell'attività che desideri avviare. Puoi trovare suggerimenti, trucchi e tutti i tipi di informazioni da persone che sono state lì e che lo hanno fatto, usa questa risorsa per ottenere il potere che la conoscenza ti porterà.

"Quanti soldi posso guadagnare da un business online?"

Questo varierà in molti fattori. Quale attività commerciale si avvia, quanto tempo e impegno si impiegano e il ritorno sull'investimento in ciò che si sta offrendo; giocano tutti un ruolo in quello che farai essenzialmente.

Alcuni commercianti di Internet guadagnano un reddito di sei cifre, mentre altri guadagnano la stessa quantità che guadagna generalmente un lavoratore di fast food a tempo pieno. Indipendentemente da quanto genera la tua azienda, sarai comunque in vantaggio rispetto a coloro che si recano al lavoro. I soldi che spendono in benzina, abiti da lavoro e pasti, ecc. Sono i soldi che ti vengono in tasca e non quelli di qualcun altro.

"Ho davvero bisogno di un sito Web?"

Sarà necessario un sito Web per gestire la tua attività. Dovrai vendere i tuoi prodotti o mostrare ai potenziali clienti quali servizi hai da offrire. Funziona come farebbe il tuo "ufficio" o "negozio", solo che non avrai bisogno di affittare spazio costoso in un edificio per usarlo per il tuo business online.

I siti Web sono abbastanza facili da creare se si utilizza uno dei molti programmi software di progettazione di siti Web o servizi di creazione di siti Web. Se lo desideri, puoi anche assumere un web designer per creare un ottimo sito per la tua attività, quindi non lasciare che la tua mancanza di competenze nel web design ti fermi.

"Sono necessarie licenze commerciali speciali per gestire un'attività online?"

Dovrai verificare con le agenzie governative locali per determinare cosa ti servirà nella tua zona. Ogni area è diversa, quindi è meglio controllare e vedere di cosa hai bisogno prima di iniziare la tua attività.

"Sono nervoso per il prelievo di denaro dai clienti. Cosa succede se confondo il sistema di elaborazione dei pagamenti?

Se vendi articoli, ti consigliamo di utilizzare un sistema di pagamento online come PayPal o Clickbank. Questi programmi richiederanno l'intero processo di pagamento, inclusi i rimborsi. Il software del carrello della spesa viene spesso con un programma di costruzione web, quindi approfitta di questa opzione.

Tipi di attività commerciali online legittime

Esistono diversi tipi di attività online che puoi scegliere per iniziare.

Dovrai controllare ogni opzione e vedere quale si adatta alle tue esigenze prima di procedere.

Ecco alcune delle attività online più popolari in cui le persone sono coinvolte e in cosa ciascuna coinvolge:

Società di servizi

Un'attività basata sui servizi è quella in cui offri un tipo di servizio ai potenziali clienti. Alcuni di questi includono:

- scrittura
- Web design
- Contabilità
- Assistente virtuale

Gli altri proprietari di piccole imprese hanno difficoltà a svolgere tutta la propria attività per se stessi, quindi esternalizzano tali progetti a qualcun altro. Stanno cercando persone che offrano i servizi di cui hanno bisogno per loro.

Se hai esperienza in alcune di queste aree, puoi offrirlo come servizio avviando la tua attività vendendo te stesso. Ad esempio, se hai qualche esperienza di scrittura e sai scrivere bene, puoi offrirlo come servizio ad altre persone che hanno bisogno di scrivere sui tuoi siti.

Quali competenze sono necessarie?

A seconda del tipo di servizio che scegli di fornire ai tuoi potenziali clienti, devi avere una certa competenza. Non è necessario avere titoli di studio per eseguire questi servizi, ma ai clienti piace vedere che hai qualche tipo di esperienza per completare i compiti che devono svolgere.

Lavorare online non fornisce il contatto diretto che le aziende fisiche hanno quando assumono dipendenti. La fiducia diventa un po' più difficile online, quindi alla gente piace sapere che la persona che sta assumendo ha abilità e conoscenze in un determinato campo.

Sebbene non sia necessario avere più di 10 anni di esperienza nella fornitura di un servizio, il fatto di averlo già fatto in precedenza e di avere alcune testimonianze che supportano tale affermazione aiuta enormemente.

Quali strumenti sono necessari?

Gli strumenti necessari dipenderanno dal tipo di servizi che prevedi di fornire. Le più comuni che dovrebbero avere la maggior parte delle società di servizi sono:

- Computer
- Accesso a Internet affidabile
- Telefono
- Programma di posta elettronica
- Sito Web

Probabilmente ci saranno anche alcuni programmi software da ottenere. Ogni servizio ne utilizza alcuni diversi, ma la maggior parte richiede un programma di elaborazione testi, un programma Excel e alcuni utilizzano un programma di web design.

Dovresti prendere in considerazione un programma di messaggistica istantanea per quei clienti a cui piace essere in grado di contattarti istantaneamente senza dover usare il telefono per chiamare o attendere una risposta via e-mail.

Come si inizia?

La prima cosa da fare è decidere il tipo di servizio che prevedi di offrire ai tuoi clienti. Scrivi tutto ciò che riesci a pensare che dimostri di avere qualche esperienza o conoscenza in quel particolare campo.

Quindi crea il tuo sito web. Mostra le tue abilità o esperienze sul tuo sito e fornisci ai clienti testimonianze di altri che hanno usato le tue abilità e sono soddisfatti dei risultati. Inserisci le tue tariffe e qualsiasi altra informazione su come gestisci la tua attività.

Commercializza il tuo sito in vari luoghi su Internet in modo che il tuo business online sia disponibile in modo che i potenziali clienti possano trovarlo e consultarlo. Quando i clienti ti contattano per assumerti per qualsiasi servizio di cui abbiano bisogno, ribadisci come stanno andando le cose. Ad esempio, fai sapere loro come verranno fatturati per il lavoro svolto e quanto costerà, ecc.

Ci vorrà un po' di tempo per compilare un elenco di clienti abituali, quindi non aspettarti di fare subito un sacco di soldi. Dagli tempo e continua a promuovere la tua attività basata sui servizi finché non arrivi al punto in cui rifiuti praticamente i clienti perché sei troppo occupato.

La gestione di un'attività basata sui servizi è un'opzione perfetta per coloro che già svolgono tale servizio in un altro lavoro. Nella maggior parte dei casi, potresti guadagnare più denaro offrendo quei servizi online di quanto tu possa fare lavorando in una posizione fisica.

Marketing di affiliazione

Questo è un business online in cui usi le tue competenze di vendita e marketing in modo che i consumatori acquistino prodotti di altre persone e guadagnino entrate dalla vendita che hai effettuato. In genere, si guadagna una quantità predeterminata di denaro in base alle vendite di tali prodotti, ma in alcuni casi, è possibile fare soldi con i clic sul proprio sito che portano i consumatori a siti Web affiliati.

A volte puoi guadagnare denaro iscrivendoti ai clienti per ricevere articoli su siti affiliati come newsletter, ecc. Ogni programma di affiliazione ne discuterà ulteriormente su come funzionano, quindi quando ti iscrivi al loro programma assicurati di controllare come funziona il loro processo. Ciò avverrà tramite un link di affiliazione che ti verrà fornito per essere inserito nel tuo sito.

Quali abilità sono utili?

Non devi essere un venditore per essere un venditore affiliato. Tuttavia, la conoscenza di come fare queste cose sarà importante. Scopri tutto ciò che puoi su come funziona il marketing online e impara a diventare un affiliato di marketing di successo da altri top marketer.

Ci vorrà molto lavoro e molta dedizione affinché la tua attività di marketing di affiliazione abbia successo. Se non hai tempo o desideri lavorare sodo, non considerare questo come il tuo business online.

Quali strumenti sono necessari?

Gli strumenti necessari saranno minimi. Oltre al normale computer con accesso a Internet affidabile, è necessario un sito Web per vendere prodotti di affiliazione.

Non dovrai fare scorta dei prodotti, solo per venderli.

Il tuo sito web avrà bisogno di nuovi contenuti su base regolare, quindi preparati a scrivere alcuni articoli da solo o assumi qualcuno che li faccia per te.

Un blog da collegare al tuo sito sarà anche utile per rendere felici i motori di ricerca.

Come si inizia?

Dovrai determinare quale nicchia hai per il tuo sito web di marketing di affiliazione. Questo ti aiuta a distinguerti dalla concorrenza. Ad esempio, potresti usare la nutrizione come nicchia. Quindi crea un sito Web basato sulla nicchia che hai scelto per la tua attività.

Quindi trova i prodotti affiliati da vendere da quel sito. Assicurati che i prodotti che decidi di vendere per la tua attività siano in qualche modo collegati alla nicchia che hai scelto per la tua attività di marketing di affiliazione.

Quindi, se la tua nicchia è nel campo nutrizionale, vorrai offrire prodotti di affiliazione che sono collegati in qualche modo alla nutrizione. Se non offri prodotti correlati nella tua attività, rischi di apparire poco professionale e anche i motori di ricerca non saranno troppo contenti di te.

Ci sono molte persone che guadagnano molti soldi con questo tipo di attività. È importante ricordare che la maggior parte del lavoro che svolgerai in questo tipo di attività sarà la commercializzazione del tuo sito Web affinché i consumatori possano trovarlo. Quando ti trovano, il tuo sito dovrebbe essere in grado di renderli interessati ai tuoi prodotti fino al punto in cui acquisteranno utilizzando i tuoi link.

Vendi su E-Bay

Questo è un altro popolare business online con cui molte persone iniziano spesso. E- Bay è un popolare sito di aste online che milioni di persone usano ogni giorno per trovare grandi offerte sugli articoli che stanno cercando.

Puoi vendere qualsiasi cosa tu abbia a casa, così come vendere articoli usando un metodo di spedizione drop. Se esegui una ricerca nel sito e-bay, vedrai una vasta gamma di articoli venduti dalle persone. Potrebbero essere articoli usati o nuovi articoli che provengono da grossisti. Ad ogni modo, le persone pagheranno buoni soldi se fornirai loro quello che stanno cercando.

Alcune persone continuano a comprare oggetti nei mercati delle pulci e nelle vendite di garage al solo scopo di rivenderli su e-bay a scopo di lucro.

Quali abilità sono utili?

Non ci sono molte abilità necessarie per vendere oggetti su e-bay. La capacità di commercializzare i tuoi articoli sarà la più importante. Le persone possono fare una ricerca nel sito per gli articoli che stai vendendo, ma se vuoi fare soldi con questo tipo di attività, ti consigliamo di commercializzare quegli articoli da qualche altra parte per farli trovare.

Se vendi oggetti da casa, dovresti essere in grado di scattare una buona foto dell'oggetto in modo che le persone possano vedere in che forma è.

Quali strumenti sono necessari?

In realtà, gli unici strumenti necessari per avviare questo tipo di attività sono un account e-bay per vendere i tuoi articoli. Se prevedi di utilizzare un metodo di spedizione drop, dovrai trovare un grossista che spedisce gli articoli direttamente ai clienti.

Per tenere traccia delle tue vendite sarà necessario l'accesso a un computer con accesso a Internet affidabile. Avrai anche bisogno di un account online come PayPal per ricevere denaro dai tuoi clienti.

Come si inizia?

Iscriviti per un account con E-Bay che ti consente di vendere attraverso di loro. Pianifica di acquistare articoli dal sito anche per aiutarti a costruire le tue valutazioni degli utenti, in modo che le persone abbiano un po'più di fiducia nell'acquisto da te.

Pubblica foto, se possibile, degli articoli che vuoi vendere. Gli articoli che hanno una foto di oggetti vendono molto più velocemente degli articoli che non lo fanno. Alla gente piace vedere cosa stacomprando, quindi offri loro la migliore qualità fotografica possibile.

COME EFFETTUARE SOLDI ONLINE

Esamina tutti i materiali informativi, nonché le regole sul sito Web E-Bay, per suggerimenti su come aumentare le vendite e su come funziona il processo di vendita in loco.

Vendere su E-Bay è un ottimo modo per iniziare la tua attività online. Questo ti dà il tuo primo contatto con un business online senza dover avere un sacco di attrezzature per iniziare. Inoltre, ottieni il vantaggio di sbarazzarti di oggetti che ingombrano la tua casa mentre fai un po' di soldi.

Guadagna dai siti di appartenenza

Alcuni proprietari di attività commerciali online guadagnano vendendo abbonamenti ai loro siti Web. Le persone acquistano abbonamenti per ottenere l'accesso ai contenuti che il proprietario del sito Web fornisce loro regolarmente.

Ad esempio, puoi offrire abbonamenti agli utenti di Internet che hanno bisogno di articoli per i loro siti Web. Le iscrizioni dovrebbero essere rinnovate ogni pochi mesi circa a seconda di quanto durano le iscrizioni. Ogni volta che qualcuno rinnova la sua iscrizione, guadagni più soldi.

Il potenziale di profitto per questo tipo di attività è piuttosto elevato. Fornire articoli informativi ai tuoi membri non ti costerà molto, ma puoi addebitare loro un importo equo per accedervi, dandoti un profitto che continua a dare.

Quali abilità sono utili?

Le competenze di marketing saranno le più utili. Consentire a quegli utenti di Internet di accedere al tuo sito per acquistare le tue iscrizioni è ciò che ti farà guadagnare denaro. Avere alcune conoscenze su come gestire un sito Web potrebbe anche essere utile per mantenere il tuo sito senza intoppi per i suoi membri.

Potresti voler conoscere alcuni dei prodotti che offre. Ad esempio, se offri articoli ai tuoi membri, devi sapere cosa rende un oggetto buono e come funzionano per scopi diversi.

Quali strumenti sono necessari?

Avrai bisogno di un sito Web di alta qualità per gestire le esigenze che il sito di appartenenza porterà. È necessario fornire un servizio eccellente in caso di problemi con il sito. Esistono alcuni programmi software di gestione dei siti di appartenenza che possono aiutarti a configurarne uno per meno di $ 100.

Il contenuto del sito è un altro strumento di cui avrai bisogno. Devi fornire ai tuoi membri paganti nuovi contenuti da utilizzare regolarmente. Potrebbe essere sotto forma di articoli scritti, programmi software o persino giochi online, a seconda di ciò che prevedi di offrire ai tuoi membri.

Come si inizia?

Dovrai pianificare in anticipo il tuo sito di appartenenza. Cosa prevedi di offrire ai tuoi membri? Sarà contenuto, software, ecc.? Quando hai preso la tua decisione, trova una nuova e diversa prospettiva da offrire ai tuoi consumatori.

Potrebbe fornire contenuti in una nicchia specifica, come la nutrizione, oppure offrire un certo tipo di contenuto scritto, qualunque cosa serva per dare agli utenti di Internet una nuova prospettiva. Questo ti aiuta a distinguerti dalla moltitudine di concorrenti là fuori.

Successivamente, crea il tuo sito di appartenenza con una funzione carrello per gestire i pagamenti di abbonamento. I programmi software di gestione dell'appartenenza devono includere tutto il necessario per gestire la tua attività. Tutto ciò di cui hai bisogno è il contenuto da dare ai tuoi membri.

Il passo più importante sarà commercializzare il tuo sito di appartenenza affinché le persone possano trovarlo. Le tecniche di marketing saranno discusse più avanti in questo rapporto.

I siti di iscrizione possono offrirti un mezzo per guadagnare entrate residue. Se le persone sono soddisfatte di ciò che dai loro, non avranno problemi a darti i loro soldi per continuare a rinnovare il loro accesso al contenuto del tuo sito.

Guadagna vendendo prodotti

Questo tipo di attività può essere svolta in diversi modi. Un modo è creare e vendere i tuoi prodotti. Gli artigiani spesso entrano in questo tipo di attività per vendere le proprie creazioni al pubblico di Internet. I creatori di Scrapbook scelgono anche questo percorso per la loro attività.

Un altro modo di vendere prodotti è utilizzare un negozio online che vende altri prodotti.

Non ci sarebbe inventario degli articoli da conservare a casa tua, né dovrai spedire nulla direttamente dalla tua posizione. I prodotti vengono ordinati tramite il "negozio" che hai creato e il grossista che li fornisce spedirà gli articoli direttamente ai clienti per te.

Quali abilità sono utili?

Le competenze che devi avere sono la capacità di lavorare sodo e buone capacità di servizio al cliente. Trascorrerai gran parte del tuo tempo a commercializzare i tuoi siti Web quindi i potenziali clienti ti troveranno.

Dovrai creare un buon sito Web per fornire ai clienti tutto ciò di cui hanno bisogno al momento di decidere se acquistare o meno i tuoi prodotti.

I clienti avranno domande sui prodotti e potrebbero avere alcuni problemi da affrontare, quindi le competenze del servizio clienti sono indispensabili. Costruire un buon rapporto con i tuoi clienti inizierà il loro ciclo tornando a comprare di più da te. Fornire un servizio clienti di prim'ordine ti aiuterà a ottenerlo.

Quali strumenti sono necessari?

Se hai scelto di vendere prodotti che crei tu stesso sarà necessario fare scorta di un inventario di articoli per crearli. Consulta alcuni fornitori per trovare buoni affari sugli articoli acquistati all'ingrosso per aiutarti a risparmiare.

Naturalmente, sarà necessario un sito Web e i tuoi clienti dovranno trovare i tuoi prodotti, vedere cosa sono e avere un modo per ordinare ciò che stai offrendo.

Assicurati che il sito abbia una funzione carrello per facilitare il processo di acquisto per la tua attività.

Come si inizia?

La prima cosa che vorrai fare è decidere cosa vendere. Stai creando i tuoi prodotti da offrire o stai pianificando di vendere altri prodotti utilizzando i caricabatterie diretti?

Se hai intenzione di vendere articoli che crei tu stesso, dovrai cercare i venditori per l'inventario di cui hai bisogno per realizzare quei prodotti. Rifornisci alcuni in anticipo, in modo che quando i consumatori iniziano a ordinare il tuo prodotto, puoi spedirli immediatamente e non farli aspettare un altro giorno o due mentre li inventano.

Al termine della fase di pianificazione, sarà necessario creare il sito Web per venderli. Assicurati che il sito sia facile da navigare e non distragga così tanto che la tua attività diventa offline in pochi secondi.

Ovviamente, l'ultimo passo per iniziare in questo business sarà la commercializzazione dei tuoi prodotti, che saranno discussi più avanti in questo rapporto. Questo passaggio è il più importante se vuoi che la tua attività abbia successo, quindi non lesinare su di essa.

La vendita di prodotti è un ottimo modo per guadagnare denaro online. Se crei già prodotti da regalare ad amici e parenti, non c'è motivo per cui non dovresti portare il prodotto su Internet e iniziare a venderli.

Se ti piace l'idea di vendere prodotti, ma non vuoi crearne uno per te o se non ti senti creativo, puoi realizzare questo tipo di attività facendo in modo che qualcun altro ti invii prodotti. Iniziare in questo modo online ti dà la flessibilità di trascorrere del tempo con la tua famiglia, ma comunque di guadagnarti da vivere.

Guadagna vendendo prodotti di tipo informativo

Internet è un ottimo posto per vendere le tue conoscenze. Ci sono molte persone che pagheranno quasi tutto per le informazioni che cercano disperatamente. Se hai le conoscenze che desiderano, potresti guadagnare un reddito considerevole.

I prodotti informativi sono disponibili in molte forme. Potrebbe essere uno dei seguenti:

- Libri elettronici
- Corsi elettronici
- Tutorial
- Guide
- Podcast

Questi sono prodotti informativi popolari molto richiesti dagli utenti di Internet. Se hai qualcosa da dire, questo potrebbe essere il tuo business.

Quali abilità sono utili?

Devi essere consapevole dell'argomento che presenterai ai tuoi consumatori. Non ci vorrà un dottorato di ricerca o altro per farlo, ma avere una buona conoscenza del settore sarebbe utile.

Anche la capacità di commercializzare i tuoi materiali sarà utile. Più persone contatti con i tuoi prodotti, più persone vorranno acquistare da te.

Quali strumenti saranno necessari?

Gli strumenti necessari dipenderanno da ciò che prevedi di fornire. E-book e guide potrebbero essere scritti in software di elaborazione testi e quindi convertiti in un documento PDF, che è il tipo di documento più popolare che le persone desiderano.

Saranno necessari programmi di risposta automatica per creare corsi elettronici di successo. I podcast avrebbero bisogno di software di registrazione e modifica audio. I tutorial possono essere svolti in due modi diversi.

È possibile utilizzare una presentazione di PowerPoint per presentare il materiale o utilizzare il software tutorial video. I video tutorial sono ottimi per mostrare agli utenti come utilizzare passo dopo passo un programma specifico.

Siti Web e blog saranno inoltre tenuti a promuovere i loro prodotti informativi.

Come iniziare?

Dovrai decidere un tema per il tuo prodotto. Cosa sai di più su ciò che potresti fornire ai tuoi potenziali consumatori? Quando sai cosa vuoi fornire, cerca quell'argomento per vedere se riesci a trovare un angolo nuovo e unico per introdurlo.

Dal momento che ci sono molti e-book, tutorial, ecc. su Internet per la vendita, dovrai trovare qualcosa di nuovo da offrire ai tuoi clienti. Non saranno così disposti a consegnare i loro soldi se non credono di avere qualcosa di nuovo da offrire.

Scrivi o registra il tuo prodotto informativo e poi modificalo in modo soddisfacente. Una volta che lo hai come desideri, puoi iniziare a venderlo. Crea un blog o un sito Web per venderlo.

Assicurati che il contenuto della copia web del sito attiri l'attenzione degli utenti di Internet in modo che possano acquistare ciò che stai offrendo.

Assumi un copywriter se puoi permetterti di scrivere la copia per promuovere quei materiali. Possono scrivere contenuti in un modo che renda il loro prodotto così desiderabile che chiunque vorrà acquistarlo.

La creazione di prodotti informativi non ti costerà molto, ma puoi venderli per un buon profitto.

Questo è un ottimo modo per guadagnare un reddito online mantenendo un programma flessibile che ti consente di trascorrere più tempo con la tua famiglia.

Guadagna con i blog

I blog sono iniziati anni fa come modo per le persone di connettersi con gli altri e condividere immagini, storie ed esperienze. È stato considerato un ottimo strumento di tipo diario personale che poteva essere usato per lasciare il segno su Internet durante i tuoi incontri.

I blog si sono evoluti per diventare eccellenti strumenti di marketing e un mezzo per guadagnare denaro. Esistono diversi modi per guadagnare entrate dai blog. Eccone alcuni:

AdsenseAds - I motori di ricerca più diffusi offrono un modo per guadagnare qualche soldo extra con qualsiasi blog o sito web. L'idea è quella di posizionare questi annunci sul tuo sito e quando un visitatore fa clic su un annuncio sul tuo sito, guadagna una quantità predeterminata di denaro. Più clic puoi ottenere dai visitatori del tuo sito, più puoi fare. Ci sono alcune regole, quindi se scegli di seguire questa strada, assicurati di imparare cosa non fare prima di iscriverti ai loro programmi.

Recensioni di prodotti: ci sono alcuni siti Web a cui puoi iscriverti che possono aiutarti a connetterti con altre società che hanno bisogno di persone per rivedere i loro prodotti e ottenere visibilità sui loro blog. Di solito il requisito principale per questo è avere un blog che è in circolazione da un po'e ha una buona quantità di visitatori. Queste aziende ti pagherebbero un importo specifico per rivedere il tuo prodotto sul loro blog.

Link contestuali: alcuni proprietari di aziende o siti Web pagheranno un blogger per pubblicare uno dei loro link nei post del loro blog. È possibile che i proprietari contattino l'autore del blog o una società che funge da intermediario. Quelle aziende troveranno blog relativi ai siti delle loro aziende, quindi i collegamenti forniti sui blog saranno compatibili con i motori di ricerca. Questo è un ottimo modo per guadagnare del traffico extra per un sito.

Vendi prodotti: i blog sono un altro modo di vendere i tuoi prodotti. Coloro che hanno aziende che vendono oggetti di arredamento per la casa o prodotti alimentari usano molto i blog per aiutare a vendere i loro prodotti e fare più soldi online.

Quali abilità sarebbero utili?

Non ci sono molte abilità coinvolte in questo tipo di attività tranne la possibilità di commercializzare il tuo blog. Dovresti cercare blog il più possibile per imparare alcuni dei trucchi del mestiere per rendere popolare il tuo blog.

Quali strumenti sarebbero necessari?

Il suo strumento principale, oltre a un computer con una connessione Internet, sarebbe un blog. Ci sono molti programmi di blog tra cui scegliere. Alcuni sono liberi di essere installati, mentre altri richiedono una tariffa mensile o annuale per iniziare.

Le versioni a pagamento dei programmi di blog possono aiutarti a connetterti ad altri blog e ad aumentare il traffico del tuo blog. Le versioni gratuite sono estremamente facili da configurare e la maggior parte sono estremamente popolari tra i blogger, quindi trovare persone con cui connettersi non sarebbe troppo difficile.

Come iniziare?

Iscriviti con un programma di blog e inizia a postare su di esso. Assicurati di aggiornare il blog regolarmente, che sarebbe circa 2 volte a settimana. I blog che non vengono aggiornati regolarmente tendono a perdersi nel cyberspazio.

Commercializza il tuo blog il più possibile. Iscriviti alle directory dei blog, accedi alle pergamene dei blog di altre persone e commenta i post di altri blogger per ottenere visibilità sul tuo blog. Maggiore è il traffico che puoi indirizzare al tuo blog, maggiori sono le possibilità di rendere il blog un modo redditizio per guadagnare denaro.

La maggior parte dei programmi di blog avrà un record per gli annunci AdSense già inclusi nella loro funzione di impostazione, quindi iniziare con questo sarà facile. Se desideri fornire recensioni di prodotti e collegamenti contestuali, ti consigliamo di blog per un po'e ottenere una discreta quantità di traffico.

Quando il tuo blog è pronto, cerca le aziende che ti aiuteranno a entrare in contatto con le aziende che vogliono pagare per far rivedere i loro prodotti o inserire i loro collegamenti nei post del tuo blog. Una volta impostato, puoi iniziare a guadagnare entrate aggiuntive con il tuo blog.

Bloggare è un modo semplice per guadagnare qualche soldo extra se hai intenzione di lavorare sodo per commercializzarlo. Coloro che hanno successo nel bloggare per soldi usano ogni possibile percorso per far conoscere il loro blog nelle comunità di Internet. Coloro che non lo fanno, tendono a guadagnare solo pochi centesimi a settimana.

Diventa uno dei blogger di maggior successo e rendi il tuo blog la tua attività e non solo un hobby per partecipare di volta in volta. Il tuo portafoglio ti ringrazierà.

Guadagna allenando gli altri

Un allenatore è colui che prende le sue conoscenze in un determinato commercio e le condivide con altri che vogliono anche avere successo in quel campo. I coach possono essere esperti in qualsiasi cosa, dal copywriting al marketing fino all'azienda stessa.

Se hai una buona conoscenza o esperienza in una determinata area, puoi diventare un allenatore abbastanza facilmente e fare soldi facendolo. Ci sono molti allenatori che aiutano gli altri nel web design, graphic design e persino nel campo della formazione.

Un allenatore offrirebbe consulenza e tecniche ai novizi in quel campo e risponderebbe alle domande durante il loro processo di apprendimento.

Quali abilità sono utili?

L'abilità più importante che devi avere per questo tipo di attività è la capacità di essere un buon ascoltatore. Dovresti anche essere molto paziente con i tuoi clienti. Coloro che ti assumono per addestrarli vogliono che tu ascolti le loro brutte esperienze e li aiuti ad uscire dalla spazzatura in cui si trovano, non importa quanto possano sembrare strani.

Per costruire una buona relazione e credibilità in questo settore, devi conoscere bene il tuo campo. Se non hai mai progettato un sito Web prima, essere un coach di web design non sarebbe una buona idea, perché la tua mancanza di esperienza verrà rilevata immediatamente e perderai la fiducia.

Quali strumenti saranno necessari?

È necessario disporre di quanto segue in questo tipo di attività:

- Computer
- Programma di posta elettronica
- Sito Web
- Contenuto informativo per il tuo sito.
- Funzione carrello acquisti per il tuo sito per gestire i pagamenti
- Telefono dedicato per scopi commerciali.

La maggior parte delle conversazioni con i clienti avverrà probabilmente attraverso i loro programmi di posta elettronica, ma alcune persone potrebbero sentirsi più a proprio agio nel poter parlare con te su una base più individuale, quindi dovresti includere un telefono nel tuo toolkit. .

Come iniziare?

Organizza la tua attività. Quale servizio offrirai di cui sei a conoscenza? Ottieni alcuni articoli e altri contenuti scritti creati per essere inseriti in un sito Web per contribuire a creare credibilità e status di esperto per la tua attività.

Spiega sul tuo sito come funziona il tuo servizio e quanto sarà la tua tariffa. Mostra alcune testimonianze di altre persone che hanno già utilizzato i tuoi servizi e che sono state soddisfatte dei risultati. Rendi il tuo sito facile da navigare in modo che gli altri non si perdano mentre cercano di trovare informazioni sulla tua attività di coaching.

Commercializza la tua attività di coaching in modo che i clienti vengano da te. Pianifica gli obiettivi che il cliente desidera raggiungere utilizzandolo e discuti su come tali obiettivi verranno raggiunti. Ascolta i suoi problemi e le sue domande e fornisci risposte approfondite e supporto per farli avanzare verso i tuoi obiettivi.

Gli allenatori sono molto ricercati online per coloro che hanno una buona conoscenza o esperienza in una determinata area. Usa ciò che sai su un argomento e offri formazione agli altri per aiutarli a diventare esperti come te nello stesso campo.

Guadagna nel settore della genealogia

Questa è un'opportunità commerciale perfetta per chi ama la ricerca e ama conoscere i nostri antenati. I genealogisti si guadagnano da vivere creando alberi genealogici per gli altri che non hanno il tempo o la pazienza di farlo da soli.

Quasi a tutti piace sapere da dove vengono e cosa hanno fatto i loro antenati che avrebbero potuto lasciare un segno nel mondo. Puoi approfittare delle loro curiosità facendo ricerche per loro e fornendo loro il patrimonio familiare.

Quali abilità sarebbero utili?

Eccellenti capacità di ricerca e organizzazione saranno prioritarie. Queste abilità sono la genealogia. Dovrai sapere dove e come ricercare le risorse di ogni famiglia ed essere in grado di mettere tutte le informazioni in un formato di facile comprensione per i tuoi clienti.

Quali strumenti sarebbero necessari?

Avresti bisogno di un computer con una connessione Internet affidabile. Dovresti iscriverti ad alcuni dei migliori siti web di genealogia disponibili per la tua ricerca. Dovresti anche investire in alcune guide o frequentare alcune lezioni per imparare alcuni suggerimenti e trucchi per la ricerca di alberi genealogici.

Un sito Web sarebbe necessario per gestire la tua attività. I clienti dovranno sapere come svolgono il proprio lavoro e quanto addebitano. Fornire alcuni esempi, se possibile, per mostrare ai clienti quanto sia accurato il loro lavoro.

Come iniziare?

Raccogli tutti i materiali di consumo e trova siti web di genealogia per iscriverti. Crea un sito Web per vendere il tuo servizio, quindi inizia a commercializzare la tua attività per attirare i clienti sul tuo sito.

Utilizza le tue risorse Internet per le tue ricerche, nonché biblioteche locali, tribunali e società storiche. Potrebbe essere necessario intervistare le persone per accedere a determinate informazioni, quindi potrebbe essere necessario trovare un telefono da utilizzare.

Crea il tuo documento dell'albero genealogico che contiene tutte le informazioni sulla tua proprietà familiare o usa i programmi software che ti forniscono.

Se ti piace fare ricerche e sei interessato a documenti storici, allora dovresti considerare questo tipo di attività. Soddisfa le esigenze delle persone di scoprire la loro storia familiare e guadagnare denaro facendo qualcosa che ami fare.

Guadagna con il desktop publishing

Se sei una persona creativa e sai usare bene un computer, prendi in considerazione un business online autopubblicante. Qui è possibile creare documenti, volantini, brochure, calendari e annunci.

Tutti questi tipi di documenti vengono creati utilizzando uno o due programmi sul computer, quindi non saranno necessari macchinari costosi per crearli.

Ci sono molte persone che cercano queste pagine creative per tutti i tipi di utilizzo e non sanno come crearne una. Se hai qualche conoscenza in quest'area, puoi usarla per guadagnare denaro fornendo loro queste creazioni.

Quali abilità sono utili?

La capacità di spostarsi all'interno di un computer e utilizzare vari tipi di programmi software sono alcune abilità che è necessario possedere. Non è necessario essere un artista per essere in questo business, perché tutto è fatto usando il computer.

Quali strumenti sono necessari?

Oltre a un computer, è necessario disporre delle seguenti apparecchiature:

- Software di desktop publishing
- Software di fotoritocco
- Stampante laser o a colori
- scanner
- Carta per stampante di alta qualità

Assicurati di sapere come utilizzare bene tutte le funzioni delle tue apparecchiature al fine di fornire il miglior servizio di qualità ai tuoi clienti.

Come iniziare?

Devi avere tutte le attrezzature necessarie per gestire la tua attività. Scegli una nicchia su cui concentrare le tue attività di marketing, quindi crea un sito web per riflettere quella nicchia. Il tuo sito Web dovrebbe fornire ai potenziali clienti esempi del tuo lavoro per mostrare la tua esperienza in questo campo.

Puoi anche migliorare le tue abilità leggendo qualsiasi tutorial o guida nel campo della pubblicazione desktop.

La pubblicazione desktop può essere un'attività molto gratificante per chiunque inizi e ama creare creazioni per rendere invidioso qualcuno.

Se sei una di quelle persone e desideri qualcosa che ti dia flessibilità, questa è l'azienda per cui registrarti.

Creare un business da idee insolite

Abbiamo discusso dei mezzi più convenzionali per avviare un'attività online. Ci sono anche alcuni mezzi non convenzionali che dovrebbero essere considerati. Per non convenzionale, intendiamo quelle idee che sono nate e sono state derise da altri. Quelle persone che hanno portato queste idee al vertice e hanno fatto una vita enorme. Ecco alcune di quelle idee che la gente pensava non sarebbero mai decollate:

Vendita di vecchi seminari: Un ragazzo si guadagna da vivere trovando e vendendo vecchi seminari che originariamente vendevano per migliaia di dollari.

Nomi di dominio: Qualcuno ha avuto l'idea di poter vendere un servizio di nomi di dominio ad altre persone. Sembra folle, ma gli affari sono decollati per loro. Si scopre che alcune persone avevano bisogno di quel servizio.

Vendere gioielli di fidanzamento usati: Questa idea sarebbe nata da qualcuno che ha rotto il fidanzamento, recuperato l'anello, ma ha scoperto di non essere in grado di restituirlo per l'intero valore. Hanno creato un sito per altre persone nella stessa barca per vendere i loro gioielli e recuperare ciò che hanno pagato o il più vicino possibile.

Vendi le farfalle per vivere: Sì, è possibile, o almeno è quello che una persona ha scoperto quando qualcuno ha scommesso che non poteva venderle. Non solo ha vinto quella scommessa, ma ha fatto una grande impresa da quella piccola idea.

Ci sono così tante altre idee che le persone hanno escogitato e fatto funzionare come un business online, quindi controlla i tuoi banchi

di memoria e vedi se c'è un'idea nascosta che nessuno potrebbe credere possa funzionare. Potrei solo dimostrare che si sbagliano ...

Commercializza la tua attività online Strategie per il successo della tua azienda

Ora che hai imparato alcune diverse attività online tra cui scegliere, vorrai imparare alcuni modi per commercializzare la tua attività in modo che possa avere successo come molti altri venditori su Internet che hanno seguito il percorso che vogliono percorrere.

Esploriamo alcune delle strategie di marketing più popolari per il tuo business online.

Sito web

Il tuo sito web aziendale online è il punto di partenza perfetto. Se c'è una cosa che potrebbe creare o distruggere la tua attività, sarebbe il sito Web stesso. Ecco alcune cose che è importante sapere sul tuo sito Web per scopi di marketing:

Nome dominio: Il nome dominio è l'indirizzo per trovare il tuo sito su Internet. Vuoi scegliere un nome di dominio che corrisponda strettamente al tuo sito o al nome dell'azienda. Questo aiuta qualsiasi utente di Internet a trovare facilmente la propria attività se è alla ricerca di un determinato argomento. Una corrispondenza esatta sarebbe l'opzione migliore, ma se non è disponibile, prova a trovarne una il più vicino possibile.

Parole chiave: Usa le migliori parole chiave per inserirle nel contenuto del tuo sito. Le parole chiave sono parole che i motori di ricerca di Internet usano quando vanno ai motori di ricerca per cercare informazioni su un argomento specifico. Il motore di ricerca indicizzerà le parole chiave e le inserirà nella pagina dei risultati per un utente. È più alto sarà il sito nella pagina dei risultati di ricerca, più possibilità si avranno che l'utente sceglierà di visitare il tuo sito.

Marketing con una nicchia: Una nicchia riduce la tua attività sul mercato a un determinato gruppo di persone. Limitare gli sforzi di marketing a un gruppo più piccolo per aiutarti a fornire ciò che i tuoi consumatori desiderano. I gruppi più numerosi hanno troppe persone che hanno molte esigenze diverse. Questo rende difficile per il tuo pubblico essere interessato a ciò che hai. I gruppi più piccoli saranno le persone che hanno più probabilità di desiderare ciò che hai, rendendo il marketing molto più semplice.

Il tuo sito web dovrebbe riflettere la nicchia che scegli per la tua attività. Se stai prendendo di mira le madri con bambini piccoli, il tuo sito dovrebbe riflettere questo. Avrebbe grafica che si collegherebbe con le madri con i bambini piccoli e il contenuto del sito dovrebbe essere scritto con qualcosa a cui potrebbero riguardare. Questo aiuterà anche con i motori di ricerca.

Blog - Fornisci un blog da utilizzare con il tuo sito Web. Dovrebbe essere correlato all'argomento del tuo sito aziendale. I blog personali non devono essere utilizzati qui. Se usi un programma di blog che non è collegato al tuo sito, prova a progettare il modello di blog in modo che corrisponda il più possibile al sito della tua azienda in modo che il blog appaia corrispondente al sito.

I blog sono un altro modo di utilizzare i motori di ricerca per guadagnare visitatori. Quando un visitatore trova il tuo blog, può vedere che ha ulteriori informazioni da offrirti su quell'argomento altrove sul suo sito Web, in modo che possa fare clic sul collegamento fornito.

Posta indesiderata

Le e-mail sono essenziali per qualsiasi campagna di marketing. In questo modo mantieni la tua azienda e i tuoi prodotti freschi nella mente dei tuoi potenziali clienti. Ottenere un visitatore del tuo sito è una cosa, ma far loro ricordare te attraverso milioni di altri siti Web è tutto in sé; soprattutto quando sono interessati all'acquisto.

Le e-mail vengono inviate a intervalli regolari per fornire informazioni ai visitatori del sito Web per creare credibilità e mettere in evidenza il nome della tua azienda. Questo può essere fatto in due modi diversi. Per ottenere gli indirizzi e-mail per inviare i tuoi messaggi, dovrai fornire una funzione e-mail opzionale sul tuo sito in modo che le persone possano registrarsi per ricevere aggiornamenti su ciò che stai offrendo o per ottenere maggiori informazioni.

Newsletter: Utilizzate per fornire brevi articoli su argomenti relativi alla tua attività. Ad esempio, se vendi vitamine e minerali, la tua newsletter potrebbe contenere articoli su pratiche sanitarie alternative, ecc. per mostrare quanto sia importante il tuo prodotto per loro.

Le newsletter possono essere inviate alla tua casella di posta elettronica con un'introduzione all'articolo e un link dove possono andare al tuo sito per leggere il resto dell'articolo. Ciò consente agli utenti di familiarizzare con il tuo sito e rende più facile ricordare quando decidono di voler acquistare qualcosa che stai offrendo.

Corsi elettronici: Puoi avere una funzione di registrazione sul tuo sito che i visitatori possono usare per apprendere le basi di un argomento. Se vendi prodotti vitaminici, puoi utilizzare un corso elettronico per insegnare ai tuoi lettori come scegliere quelli migliori per diversi tipi di problemi di salute.

I corsi elettronici vengono generalmente spediti in un periodo di 5-7 giorni e sono spesso offerti gratuitamente. Ciò tiene a mente il nome della tua azienda ricordandoti ogni giorno che l'e-course entra nella tua casella di posta.

Aggiornamenti: Per coloro che hanno acquistato qualcosa da te o persone che si sono registrate per questa funzione, puoi fornire loro aggiornamenti sui tuoi prodotti, sconti, regali, ecc. In questo modo, se non attiri un visitatore per acquistare, la prima visita può servire per attirare la loro attenzione e attirarli all'acquisto.

Gli aggiornamenti possono anche aiutare a indirizzare più traffico al tuo sito. Coloro che si sono già iscritti alle tue liste avranno amici, familiari, vicini e colleghi a cui possono riferire la tua attività semplicemente inoltrando messaggi.

Articoli e altri contenuti scritti

Oltre a fornire buoni contenuti per siti Web, articoli e altri contenuti scritti possono essere utilizzati in vari modi per commercializzare la tua attività. Ecco alcuni di questi modi:

Directory degli articoli - Le directory degli articoli offrono eccellenti tattiche di marketing per la tua azienda. Scrivendo e inviando un articolo relativo al tuo sito aziendale, puoi realizzare due cose.

1. Credibilità nell'argomento di cui hai scritto

2. Indirizza più traffico verso il tuo sito fornendo un link al sito web della tua azienda nella sezione bio dell'autore che si trova sui siti della directory degli articoli.

Questi siti di directory in genere si posizionano bene con la pagina dei risultati del motore di ricerca, quindi qualcuno che si imbatte in uno degli articoli inviati all'interno di una directory può trovare la strada per il tuo sito Web per ulteriori informazioni su tale argomento.

Articoli inseriti nella newsletter o nel blog di un altro sito: come scrittore ospite nel blog o nella newsletter di qualcun altro, puoi comunicare con un gruppo di persone che cercano informazioni su un argomento.

Dovresti fornire un link al tuo sito all'interno di questi articoli e quindi ricambiare il favore per l'altro proprietario del sito Web di fornire lo stesso tipo di articoli nelle loro newsletter o blog.

Articoli Digg o siti simili: avere uno dei tuoi articoli inviati su Digg o su un sito di tipo simile ti darà più accesso al tuo sito. Digg è un sito che fornisce articoli che altri utenti di Internet hanno trovato buoni articoli informativi. Gli articoli che ricevono una grande quantità di "Diggs" verranno inviati alla home page dove molti utenti li vedranno e li esamineranno. Il link al tuo sito potrebbe essere incluso per coloro che desiderano maggiori informazioni sull'argomento.

Offri e-book o guide: possono fornire ai tuoi consumatori informazioni su un argomento e includere un link al tuo sito per tenerli a conoscenza della tua attività. Questi possono essere offerti gratuitamente o con una piccola tassa.

La parola Free può essere una parola potente per qualsiasi utente e attirare la sua attenzione abbastanza facilmente.

Fornirebbe informazioni di base su un argomento e potrebbe interessarti all'acquisto di un ebook che contiene informazioni più dettagliate sullo stesso argomento.

Socializza per il marketing

Uno dei modi di maggior successo per trovare il traffico che stai cercando è quello di socializzare con persone che la pensano allo stesso modo. Ecco i modi più popolari per socializzare per le tue esigenze di marketing:

Commenti sul blog: Trova altri blog con lo stesso tipo di argomento del tuo sito web. Pubblica una risposta in alcuni dei tuoi post. Il collegamento al tuo sito Web verrà associato al tuo nome e coloro che cercano ulteriori informazioni su tale argomento esamineranno il tuo sito o blog e vedranno cosa hanno da offrire.

Unisciti alle community del forum: Trova le community delle bacheche che hanno argomenti correlati al tuo sito web. Il collegamento al tuo sito Web potrebbe andare nella riga della firma consentendo ad altri di trovare la strada per il sito per vedere cosa hai. Controlla prima le regole della scheda per assicurarti che ciò sia consentito.

Pubblicando regolarmente su questi forum, puoi creare credibilità come esperto su tale argomento e guadagnare un po'di fiducia con alcuni potenziali consumatori che potrebbero pensare di acquistare da te. Inoltre, altri membri del consiglio possono indirizzare le persone che conoscono al tuo sito, quindi assicurati di restituire tutto ciò che ricevi con queste comunità.

Siti di social network: I siti di social network includono siti popolari come MySpace e Facebook. Questi siti attraggono le persone alla ricerca di altre persone interessate alle stesse cose

Gli specialisti di marketing su Internet li usano continuamente per connettersi con le persone del loro pubblico di destinazione. Le persone che hanno lo stesso interesse, possono comunicare e cominciare a costruire la fiducia con voi. Saranno più ricettivi all'acquisto da qualcuno nel tuo "gruppo" o potrebbero trasmettere le informazioni sulla tua attività ad altre persone che conoscono.

Varie tecniche di marketing

Ecco alcune altre tecniche da utilizzare nelle tue campagne di marketing:

Programmi di affiliazione: Avvia i tuoi programmi di affiliazione per i tuoi prodotti. Consenti ad altre persone di guadagnare un po'di denaro commercializzando i tuoi prodotti per te. Più traffico arriverà al tuo sito attraverso gli sforzi di qualcun altro.

Scopri come avviare il tuo programma di affiliazione di successo e creare un sito Web sul tuo sito affinché altri possano iscriversi come affiliati. Questo è qualcosa che puoi pubblicizzare nelle tue newsletter e aggiornare i messaggi.

AdWords: I motori di ricerca offrono questa funzione ai proprietari di attività commerciali per acquistare spazi pubblicitari nelle pagine dei risultati di ricerca. Ogni volta che qualcuno fa clic su quell'annuncio, un determinato importo verrà addebitato al motore di ricerca.

Poiché stai pagando per i clic, vorrai fornire l'annuncio più desiderabile possibile per aumentare il ritorno sull'investimento. Annunci scadenti possono costarti denaro, perché non tutti coloro che fanno clic su questi annunci vorranno acquistare. Tieni traccia di questi annunci e rimuovili o aggiornali quando necessario per evitare di perdere troppi soldi per la tua attività.

Campagna di passaparola: Questa è la tecnica di marketing più semplice che esista. Una semplice campagna di passaparola farà sì che le persone trasmettano le informazioni sulla tua attività ad altri, ecc.

Questo funziona alla grande per i clienti e i clienti locali per conoscere la tua attività e trasmetterla ad altri che potrebbero essere alla ricerca degli stessi prodotti o informazioni. Questo è anche un modo economico per fare marketing per la tua azienda.

Usa comunicati stampa: Questa opzione può essere utilizzata se stai aprendo le porte o se stai offrendo uno sconto o una vendita speciale. I comunicati stampa vengono inviati ai siti che li pubblicano per gli utenti di Internet in cerca di informazioni specifiche.

Sono scritti come se fossero notizie e mostrano le tue "notizie" con titoli e informazioni accattivanti. La vendita, lo sconto o l'avvio dell'attività commerciale sarebbero molto esposti a potenziali consumatori e clienti.

Un comunicato stampa ben scritto per annunciare ciò che stai offrendo potrebbe essere ciò di cui hai bisogno per indirizzare una grande quantità di traffico verso il sito web della tua azienda. Prendi in considerazione l'idea di crearne uno regolarmente per aiutarti a mantenere aggiornato il nome della tua attività nella mente delle persone.

Inserisci un annuncio sui giornali locali: Non è necessario commercializzare solo su Internet. Perché non provare a commercializzare localmente inserendo annunci sui giornali locali? Questi annunci sono visti dalla maggior parte delle persone che vivono in quella zona e ricevono quel documento.

A volte le aziende ottengono le prime transazioni di vendita da clienti locali, quindi non trascurare la tua area locale quando pianifichi la tua campagna di marketing.

Podcasting: Il podcasting è un contenuto audio che le persone usano per fornire informazioni che le persone ascoltano anziché leggere. Offre loro un modo diverso di conoscere un argomento che li interessa. Le persone adorano l'opzione podcast da ascoltare mentre fanno qualcos'altro e non devono essere incollate allo schermo del proprio computer.

La tua azienda acquisisce credibilità e fiducia tra gli ascoltatori. Questi ascoltatori possono diventare clienti, quindi il tuo sito Web sarà collegato al programma audio.

Marketing dal lato divertente

Le persone adorano divertirsi, quindi perché non fornire le loro tecniche di marketing? Ecco alcuni modi in cui puoi darglielo:

Ospita un concorso: Le persone verranno da ogni parte quando verrà annunciato un concorso. Esegui uno sul tuo blog o sito per generare più traffico. Dovrai commercializzare pesantemente il concorso affinché le persone lo scoprano, ma una volta che sanno che saranno in esecuzione.

Rendi divertente il tuo concorso a cui quasi tutti possono partecipare. Offri un premio valido al vincitore del concorso. In caso contrario, le persone non verranno a correre la prossima volta che lanceranno un concorso o qualcosa del genere per la tua azienda.

Un concorso potrebbe essere costituito da quiz, un safari in Internet per partecipare o semplicemente un sorteggio per disegnare nomi.

Avere prodotti promozionali con il logo della tua azienda: Siti web come Café Express realizzeranno prodotti come magliette, penne, tazze e persino cappelli con il tuo logo. Alcuni di questi possono essere dati via o puoi fare in modo che i visitatori di Internet li acquistino tramite un link sul tuo sito.

Questi articoli promozionali possono essere visualizzati in modo tale che chiunque entri in contatto con quell'oggetto veda il tuo logo e sia curioso di sapere di chi si tratti. Possono

quindi cercare nel loro sito per scoprire esattamente cosa offre.

Pensieri finali

Chiunque può gestire la propria attività online, sia che abbia una vasta esperienza commerciale o meno. Tutto ciò di cui hai veramente bisogno è la spinta per avere successo e la capacità di lavorare sodo e imparare tutto ciò che puoi sull'attività che scegli di entrare.

Con le molte opzioni disponibili per le aziende online, puoi trovarne una che soddisfi le tue esigenze e le competenze che devi portare. Utilizza tutti i metodi di marketing che puoi per portare la tua attività in tutti gli angoli del mondo di Internet e indirizzare il traffico verso il tuo sito.

Il duro lavoro e il sudore che ci metti inizialmente ti ripagheranno alla fine perché puoi iniziare a rilassarti un po 'e magari assumere qualcun altro per fare alcune delle tue faccende quotidiane per te. Quale modo migliore per guadagnarsi da vivere che assumere qualcun altro per fare il loro duro lavoro per te?

Internet offre sempre più opportunità di incassare i proprietari di attività ogni giorno, quindi perché non saltare sul carro ora e iniziare a raccogliere alcuni dei premi che altri marketer di Internet stanno ottenendo?

Se riescono a farlo con poca esperienza nel settore aziendale, puoi farlo anche tu.

Visita la nostra pagina degli autori su Amazon! E ottenere più libri di MENTES LIBRES!

https://www.amazon.it/MENTES-LIBRES/e/B08274DDV4?ref_=dbs_p_ebk_r00_abau_000000

Se lo desiderate, potete lasciare il vostro commento su questo libro cliccando sul seguente link in modo che possiamo continuare a crescere! Grazie mille per il vostro acquisto!

https://www.amazon.it/dp/B089N85D32

www.ingramcontent.com/pod-product-compliance
Lightning Source LLC
Chambersburg PA
CBHW050247220526
45465CB00002B/581